詩《し》をつくろう

1 見《み》たこと、感《かん》じたことを詩《し》にしよう

和合亮一 監修

汐文社

はじめに

「詩《し》」って何《なに》?

みなさんは、「詩《し》」と聞《き》いて、何《なに》を思《おも》いうかべますか?

何《なん》となくむずかしいなあというイメージをもっている人《ひと》が、たくさんいるのではないでしょうか。

しかし、詩《し》はとっつきにくいものではありません。「詩《し》」とは、「自然《しぜん》やできごとなどから受《う》けた感動《かんどう》を、リズムをもつ言語《げんご》で表現《ひょうげん》したもの」といえますが、そんなにかたくるしく考《かんが》えなくてよいのです。

というのも、詩《し》を書《か》くのにルールはなく、まったくの自由《じゆう》だからです。

思《おも》ったことを、すなおにことばで表現《ひょうげん》してみませんか。

とはいえ、いきなり「詩《し》に親《した》しんでみましょう」「詩《し》を書《か》いてみましょう」といわれても、何《なに》をどうすればよいのか、わからないと思《おも》います。

そんなみなさんのために、この本《ほん》では、詩《し》の親《した》しみ方《かた》、書《か》き方《かた》のヒントを示《しめ》しています。

第《だい》1巻《かん》では、詩《し》の楽《たの》しみ方《かた》、そして身近《みぢか》なものを題材《だいざい》にした詩《し》の書《か》き方《かた》について学《まな》んでいきます。

それでは、肩《かた》の力《ちから》をぬいて、楽《らく》な気《き》もちで詩《し》の世界《せかい》をのぞいてみましょう。

詩《し》をつくろう
①見《み》たこと、感《かん》じたことを詩《し》にしよう

もくじ

詩《し》を読《よ》んでみよう

竹《たけ》

萩原《はぎわら》 朔太郎《さくたろう》

光《ひか》る地面《じめん》に竹《たけ》が生《は》え、
青竹《あおだけ》が生《は》え、
地下《ちか》には竹《たけ》の根《ね》が生《は》え、
根《ね》がしだいにほそらみ、
根《ね》の先《さき》より繊毛《せんもう》が生《は》え、

かすかにけぶる繊毛《せんもう》が生《は》え、
かすかにふるえ。

かたき地面《じめん》に竹《たけ》が生《は》え、
地上《ちじょう》にするどく竹《たけ》が生《は》え、
まつしぐらに竹《たけ》が生《は》え、
凍《こお》れる節節《ふしぶし》りんりんと、
青空《あおぞら》のもとに竹《たけ》が生《は》え、
竹《たけ》、竹《たけ》、竹《たけ》が生《は》え。

前《まえ》のページの詩《し》を読《よ》んで、ようすを思《おも》いうかべてみましょう。

季節《きせつ》はいつだろう？

竹《たけ》が生《は》える季節《きせつ》がいつか、考《かんが》えてみましょう。
ちなみに、たけのこは、春《はる》に土《つち》から生《は》えてくる、春《はる》を代表《だいひょう》する食《た》べものです。

何時《なんじ》ごろだろう？

詩《し》のなかに時間《じかん》は書《か》かれていませんが、あなたが読《よ》んだ第一印象《だいいちいんしょう》で、自由《じゆう》に想像《そうぞう》してみましょう。

どんな天気《てんき》だろう？

「光《ひか》る地面《じめん》」「青空《あおぞら》」とあるので、なんとなく天気《てんき》が想像《そうぞう》できるでしょう。

「光《ひか》る地面《じめん》」とあるから、日《ひ》がさしているんだよね？

場所《ばしょ》はどこだろう？

竹《たけ》が生《は》えている場所《ばしょ》はどんなところか、想像《そうぞう》してみましょう。

また、「地下《ちか》には竹《たけ》の根《ね》が生《は》え」と、実際《じっさい》には見《み》えない地下《ちか》についても書《か》いてあります。どんなようすか想像《そうぞう》してみるのも、おもしろいでしょう。

どんなようすかイメージしてみよう

この詩《し》を読《よ》んで、竹《たけ》が生《は》えるようすを想像《そうぞう》してみましょう。また、「凍《こお》れる節節《ふしぶし》」など、むずかしい表現《ひょうげん》も出《で》てきます。どういう状況《じょうきょう》かを思《おも》いうかべてみるといいでしょう。

詩《し》の楽《たの》しみ方《かた》を見《み》つけよう①

ことばのひびきを楽《たの》しもう

つぎの詩《し》を読《よ》んで、ことばのひびきを楽《たの》しんでみましょう。

はるのさんぽ

まど・みちお

どこも　かしこも　いちめんの
なのはな　レンゲソウ

ほら　あそこを　のそり　のそりと
ウシが　あるいているでしょう

あれは
のそりのそりに　ウシが　のって
ウシに　そよかぜが　のって
そよかぜに　ヒバリが　のって
ヒバリに　おひさまが　のって
五人《ごにん》のりの　サーカスが
のそり　のそり　のそりと
はるの　さんぽに
でかける　ところですよ

のはらの　ずうっと　むこうの
やまびこさんの　おたくのほうまで

おとのはなびら

のろさかん

ピアノのおとに　いろがついたら
ポロン　ピアノが　なるたびに
ポロン　ピアノが　なるたびに
おとのはなびら　へやにあふれて
にわにあふれて
おとのかだんを　つくるかしら

露《つゆ》

北原《きたはら》白秋《はくしゅう》

草《くさ》の葉《は》に揺《ゆ》れゐる露《つゆ》の
落《お》ちんとし、いまだ落《お》ちぬを、
落《お》ちよとし、見《み》つつ待《ま》ちゐて、
落《お》ちにけり。驚《おどろ》きにけり。

気《き》になる表現《ひょうげん》を見《み》つけてみよう

「のそり　のそり」「ポロン」「落《お》ち（んとし）」など、同《おな》じことばがくり返《かえ》し出《で》てきます。どういう効果《こうか》があるか、考《かんが》えてみましょう。

また、ほかにも気《き》になる表現《ひょうげん》がないか、見《み》つけてみましょう。

気《き》になることばを見《み》つけてみよう

「〜にけり」や「ゐ」など、いまは使《つか》わない表現《ひょうげん》や文字《もじ》が出《で》てきます。ことばの意味《いみ》を考《かんが》えながら読《よ》むといいでしょう。

どんなようすかイメージしてみよう

これらの詩《し》を読《よ》んで、それぞれどんなようすを描《えが》いた詩《し》か想像《そうぞう》してみましょう。ふと頭《あたま》にうかんだ景色《けしき》を、ことばにしてみるのもいいでしょう。

❖「〜にけり」……「〜してしまった」「〜なことだ」など、気《き》づきや感動《かんどう》をあらわす。

❖「ゐ」……旧《きゅう》かなづかいで使《つか》われる字《じ》で、「い」（「わ」のつぎ）をあらわす。カタカナでは「ヰ」を使《つか》う。

『はるのさんぽ』は、菜《な》の花《はな》やレンゲソウがさく草原《そうげん》って感《かん》じだね
『おとのはなびら』は、音《おと》を花《はな》の色《いろ》にたとえているのね

詩《し》の楽《たの》しみ方《かた》を見《み》つけよう②

詩《し》のリズムを楽《たの》しもう

つぎの詩《し》を読《よ》んで、詩《し》のリズムを楽《たの》しんでみましょう。

たいこ

どんどんどん
どんどこどん
どこどんどん
どどんこどん

谷川《たにかわ》 俊太郎《しゅんたろう》

どどんどん
どこどんどん
どどんこどん
どこどこどん

どこどこどこどこ
たいこたたいて
どんどんどんどん
どこへいく

かっぱ

谷川《たにかわ》 俊《しゅん》太郎《たろう》

かっぱかっぱらった
かっぱらっぱかっぱらった
とってちってた

かっぱなっぱかった
かっぱなっぱいっぱかった
かってきってくった

いろはにこんぺいとう

わらべうた

いろはに　こんぺいとう　こんぺいとは　あまい
あまいは　おさと　おさとは　しろい
しろいは　うさぎ　うさぎは　はねる
はねるは　のーみ　のーみは　とーぶ
とーぶは　ひこーき　ひこーきは　うなる
うなるは　らいおん　らいおんは　こわい
こわいは　おばけ　おばけは　けえる
けえるは　でんき　でんきは　ひかる
ひかるは　おやじの　はげあたま

リズムを味《あじ》わってみよう

ここで紹介《しょうかい》した詩《し》を、声《こえ》に出《だ》して、リズムをとりながら読《よ》んでみましょう。

気《き》になることばを見《み》つけてみよう

「どんどんどん」「どこどこどん」など、くり返《かえ》しのように見《み》えて少《すこ》し変《か》えていたり、「とってちってた」など、気《き》になる表現《ひょうげん》が出《で》てきたりします。どういう効果《こうか》があるか、何《なに》を表《あらわ》しているかを考《かんが》えてみましょう。

どんなようすかイメージしてみよう

これらの詩《し》を読《よ》んで、どんな情景《じょうけい》が頭《あたま》にうかびますか？　想像《そうぞう》して、ことばにしてみましょう。

❖「のーみ」……ノミ（蚤《のみ》）のこと。
❖「けえる」……「消《き》える」がなまったもの。

声《こえ》に出《だ》してみると、なんだか楽《たの》しくなってきたよ
「とってちってた」って、どういう意味《いみ》かしら？

詩《し》の楽《たの》しみ方《かた》を見《み》つけよう③
情《じょう》景《けい》を思《おも》いうかべよう

つぎの詩《し》を読《よ》んで、情景《じょうけい》を思《おも》いうかべてみましょう。

するめ

まど・みちお

とうとう
やじるしに　なって
きいている
うみは
あちらですかと…

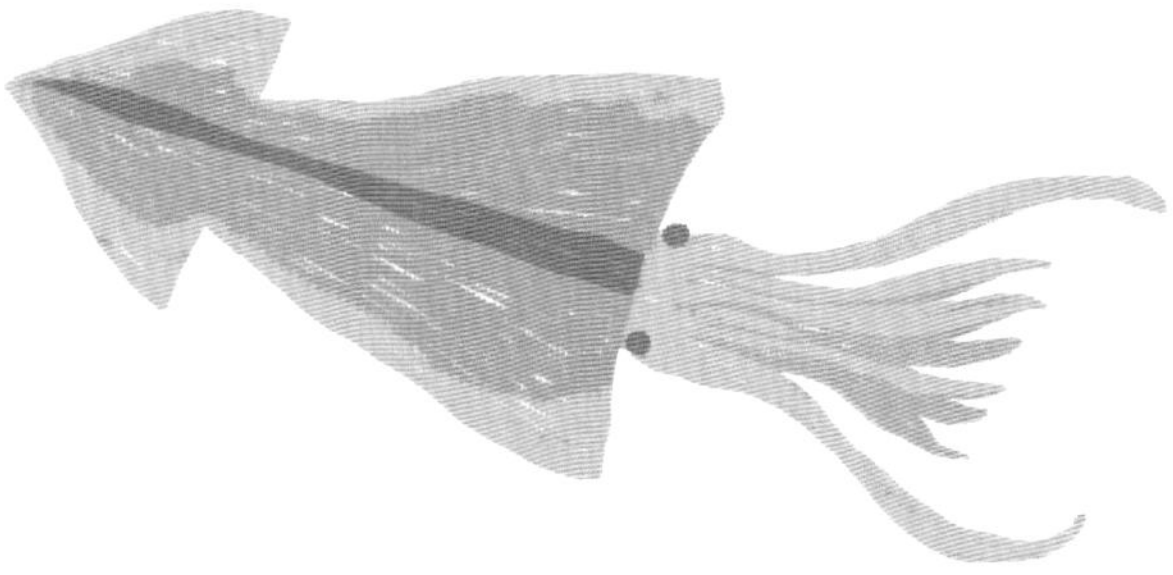

土《つち》

三好《みよし》 達治《たつじ》

蟻《あり》が
蝶《ちょう》の羽《はね》をひいて行《い》く
ああ
ヨットのやうだ

うぐいす

武鹿《ぶしか》 悦子《えつこ》

うぐいすの　こえ
すきとおる
はるのつめたさ
におわせて

うぐいすの　こえ
すきとおる
うちゅうが　一《いっ》しゅん
しん、とする

どういう状況《じょうきょう》か、考《かんが》えてみよう

『するめ』で、するめがやじるしになるのは、どんな状況《じょうきょう》でしょうか？　想像《そうぞう》してみましょう。

何《なに》を描《えが》いているか、考《かんが》えてみよう

アリがチョウを運《はこ》んでいるようす、うぐいすがすきとおった声《こえ》で鳴《な》くようすを想像《そうぞう》して、これらの詩《し》が何《なに》を描《えが》いているか、考《かんが》えてみましょう。

想像力《そうぞうりょく》をふくらませてみよう

『うぐいす』で、「うちゅうが　一《いっ》しゅん　しん、とする」とは、どういうようすか、想像《そうぞう》してみましょう。

するめは、どこかにつるされているのかな？
うぐいすの鳴《な》き声《ごえ》に、みんなで耳《みみ》をすましているのかしら？

見《み》たこと、感《かん》じたことを詩《し》にしよう

感《かん》じたことを書《か》き出《だ》してみよう

ここからは、実際《じっさい》に自分《じぶん》で詩《し》をつくってみましょう。まずは、まわりの風景《ふうけい》を見《み》て、感《かん》じたことを思《おも》いつくままに書《か》き出《だ》してみます。

たとえば、空《そら》を見《み》て、感《かん》じたことを書《か》き出《だ》します。色《いろ》、音《おと》、におい、形《かたち》など、何《なん》でもかまいません。

紙《かみ》を用意《ようい》して、5分間《ふんかん》でやってみましょう。

ぜんぜん
思《おも》いうかばないや

5分間《ふんかん》で、どれだけ書《か》けましたか？
書《か》き出《だ》したことばを、あらためて見《み》てみましょう。まったくつながりのない、バラバラなことばがならんでいるかもしれません。
しかし、それらがみなさんの心《こころ》をあらわしているといえるでしょう。

たとえば、「青《あお》い」でも、
「白《しろ》い雲《くも》」でも、
うかんだことなら
何《なん》でもいいんだって

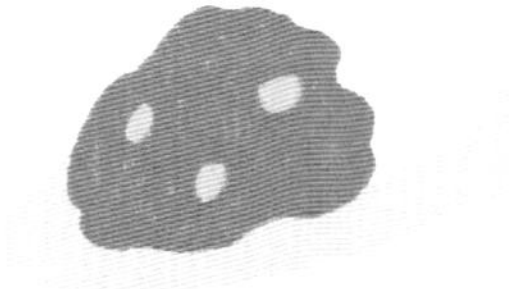

食《た》べものについて書《か》き出《だ》してみよう

つぎに、食《た》べものや料理《りょうり》の名前《なまえ》、そして、その食《た》べものについて思《おも》いつくままに書《か》き出《だ》してみましょう。

たとえば、昨日《きのう》や今日《きょう》食《た》べたもの、前《まえ》に食《た》べたもので印象《いんしょう》にのこっているもの、いま食《た》べたいものなどを書《か》き出《だ》します。その色《いろ》やにおい、味《あじ》なども思《おも》い出《だ》して書《か》いてみましょう。

また、同《おな》じ「からい」でも、とうがらしのからさと、わさびのからさは同《おな》じではありません。そのようなちがいも考《かんが》えながら表現《ひょうげん》してみましょう。

紙《かみ》を用意《ようい》して、5分間《ふんかん》でやってみましょう。

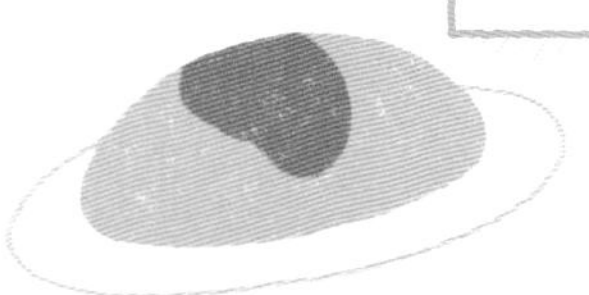

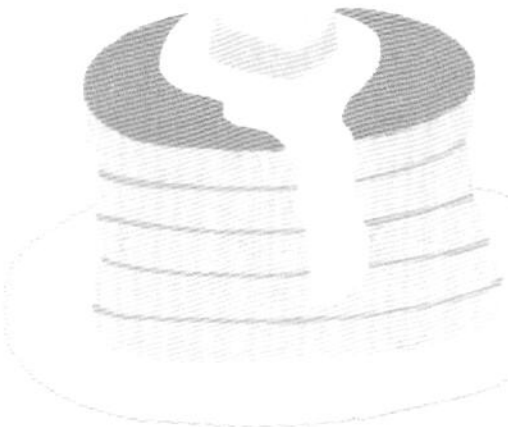

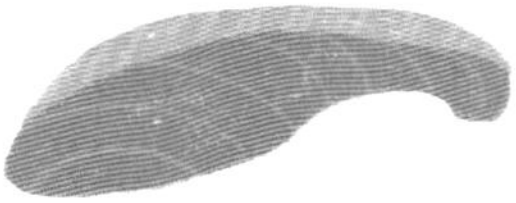

食《た》べもののことを考《かんが》えていたら、おなかが減《へ》ってきたよ
いろいろな表現《ひょうげん》を使《つか》えることが、詩《し》をつくるのに役立《やくだ》つのね

5分間《ふんかん》で、どれだけ書《か》けましたか？　書《か》き出《だ》したことばを、あらためて見《み》てみましょう。

色《いろ》やにおい、味《あじ》にも、いろいろな表現《ひょうげん》があることがわかるでしょう。

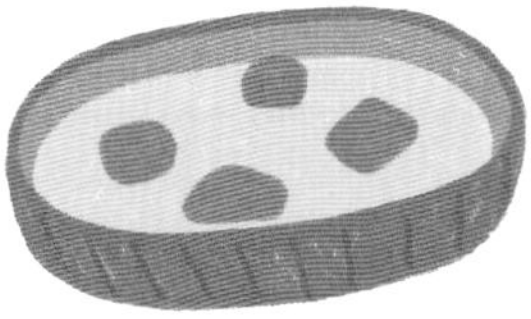

ものをさわって感《かん》じてみよう

つぎに、何《なん》でもいいので、目《め》の前《まえ》にあるものを手《て》でさわってみましょう。

どういうふうに感《かん》じますか？

「ざらざら」「つるつる」……など、いろいろな感《かん》じかたがあるでしょう。

同《おな》じつるつるしたものでも、どのようなつるつるか、感《かん》じたことをことばにして、書《か》きあらわしてみてください。

紙《かみ》を用《よう》意《い》して、5分《ふん》間《かん》でやってみましょう。

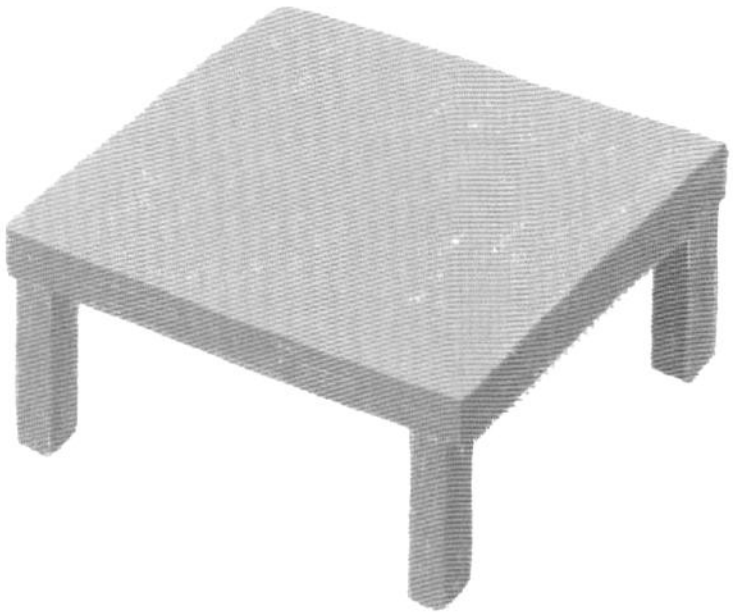

手《て》ざわりのちがうものをいくつかさわって、ちがいをことばにしてみるのもいいかも

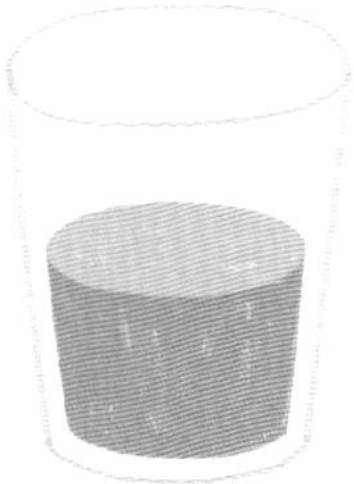

5分間《ふんかん》で、どれだけ書《か》けましたか?
家《いえ》や学校《がっこう》のなかだけでなく、外《そと》に出《で》て、いろいろなものをさわって、同《おな》じように表現《ひょうげん》してみてください。
また、「○○のような手《て》ざわり」のように、別《べつ》のものにたとえてもいいでしょう。

とがったものなどをさわるときは、注意《ちゅうい》してね

ことばとことばの出《で》あいをつくろう

ここまで、いろいろなことばを紙《かみ》に書《か》いてきました。

ここからは、いよいよことばをならべて詩《し》をつくっていきます。

これまでに書《か》いた紙《かみ》をながめて、そこから好《す》きなことばをいくつかえらび、別《べつ》の紙《かみ》に書《か》き出《だ》します。

えらんだことばに、思《おも》いつくままに順番《じゅんばん》をつけて番号《ばんごう》をふります。

2　白《しろ》い雲《くも》

4　あめ

つぎに、これらのことばが番号《ばんごう》順《じゅん》に出《で》てくるように、ことばを足《た》しながら文章《ぶんしょう》にしてみましょう。意味《いみ》がつうじなくてもかまいません。

やすりでみがいたように

つるつるな太陽《たいよう》から、

1　やすりでみがいたようにつるつる

3　まぶしい

白《しろ》い雲《くも》に向《む》かって、
まぶしい光《ひかり》があたって、
あめのように光《ひか》っている

たとえ意味《いみ》がつうじなくても、ことばとことばの出《で》あいから、ひとつのかたまりをつくってみることが、大切《たいせつ》な練習《れんしゅう》のひとつになります。自由《じゆう》に文《ぶん》をつくっていきましょう。

詩《し》を完成《かんせい》させよう

それでは、前《まえ》のページでつくった文《ぶん》をもとに、ひとつの詩《し》を完成《かんせい》させましょう。

先《さき》ほどの文《ぶん》に、別《べつ》の文《ぶん》をつけ足《た》していきます。つづきを考《かんが》えてもいいですし、前後《ぜんご》に入《はい》る文《ぶん》を考《かんが》えてもかまいません。

詩《し》の長《なが》さに決《き》まりはありません。自由《じゆう》に文《ぶん》を増《ふ》やしていっても、もとの文《ぶん》だけでもいいのです。

できた詩《し》をみんなで読《よ》みあってみよう

詩《し》ができたら、みんなで読《よ》みあってみましょう。

自分《じぶん》で書《か》いた詩《し》を、ひとりずつ発表《はっぴょう》していってもいいでしょう。

または、詩《し》を書《か》いた紙《かみ》を、名前《なまえ》を書《か》かずに集《あつ》め、まぜたものをひとりずつにくばり、だれが書《か》いた詩《し》かわからないようにして読《よ》みあうのも、おもしろいかもしれません。

もとの詩《し》をかえてみよう

青《あお》い地球《ちきゅう》はだれのもの

阪田《さかた》 寛夫《ひろお》

青《あお》い地球《ちきゅう》はだれのもの
青《あお》い地球《ちきゅう》はだれのもの
青《あお》い地球《ちきゅう》はだれのもの
……

この詩《し》はもともと、テレビ番組《ばんぐみ》のテーマ曲《きょく》としてつくられたもので、メロディにのせて同《おな》じ歌詞《かし》をくり返《かえ》します。

では、みなさんで、この詩《し》のつづきを考《かんが》えてみましょう。

地球《ちきゅう》がだれのものか、答《こた》えを考《かんが》えてもいいですし、まったくちがう方向《ほうこう》に話《はなし》をつづけてもかまいません。自分《じぶん》なりのつづきを考《かんが》えてみてください。

地球《ちきゅう》はみんなのものだよね
人間《にんげん》だけのものじゃないと思《おも》うわ

あいうえおのうた

まど・みちお

あかいえ　あおいえ　あいうえお
かきのき　かくから　かきくけこ
ささのは　ささやく　さしすせそ
たたみを　たたいて　たちつてと
ないもの　なになの　なにぬねの
はるのひ　はなふる　はひふへほ
まめのみ　まめのめ　まみむめも
やみよの　やまゆり　やいゆえよ
らんらん　らくちん　らりるれろ

わいわい　わまわし　わいうえを

この詩《し》は、あ行《ぎょう》からわ行《ぎょう》までの頭《あたま》の文字《もじ》、「あかさたなはまやらわ」からはじまることばでできています。

みなさんも同《おな》じように、自分《じぶん》なりの「あいうえおのうた」をつくってみましょう。

あ□□□
か□□□
さ□□□
た□□□
な□□□
は□□□
ま□□□
……

あ□□□
か□□□
さ□□□
た□□□
な□□□
は□□□
ま□□□
……

あいうえお
かきくけこ
さしすせそ
たちつてと
なにぬねの
はひふへほ
まみむめも
……

まるで早口《はやくち》ことばみたいだ
文字《もじ》の数《かず》をそろえるのがむずかしいわ

きりなしうた

谷川《たにかわ》 俊太郎《しゅんたろう》

しゅくだいはやくやりなさい
おなかがすいてできないよ
ほっとけーきをやけばいい
こながないからやけません
こなはこなやでうってます
こなやはぐうぐうひるねだよ
みずぶっかけておこしたら
ばけつにあながあいている
ふうせんがむでふさぐのよ

みなさんも、この詩《し》のように、何度《なんど》か話《はなし》をやりとりしたあげく、話《はなし》が最初《さいしょ》にもどってしまう詩《し》をつくってみましょう。

まずは、最初《さいしょ》の「しゅくだいはやくやりなさい」と最後《さいご》の「まだしゅくだいがすんでない」だけをのこして、あいだの詩《し》をかえてみてください。

むしばがあるからかめません
はやくはいしゃにいきなさい
はいしゃははわいへいってます
でんぽうってよびもどせ
おかねがないからうてないよ
ぎんこうへいってかりといで
はんこがないからかりられぬ
じぶんではってつくったら
まだしゅくだいがすんでない

できたら、最初《さいしょ》と最《さい》後《ご》の部分《ぶぶん》も自分《じぶん》で考《かんが》えてみましょう。

「そろそろゲームをやめなさい」でつくってみようかな？
「早《はや》くお風呂《ふろ》に入《はい》りなさい」はどうかしら？

作品名《さくひんめい》さくいん（五十音順《ごじゅうおんじゅん》）

作者名《さくしゃめい》さくいん（五十音順《ごじゅうおんじゅん》）

出典一覧

●竹（萩原 朔太郎）
『萩原朔太郎詩集』三好 達治 選（岩波文庫）

●はるのさんぽ（まど・みちお）
『まど・みちお少年詩集 まめつぶうた』まど・みちお 著、赤坂 三好 絵（理論社）

●おとのはなびら（のろ さかん）
『おとのかだん』のろ さかん 詩、ふくしま ひふみ 絵（教育出版センター）

●露（北原 白秋）
『北原白秋詩集』（下） 安藤 元雄 編（岩波文庫）

●たいこ（谷川 俊太郎）
『詩ってなんだろう』谷川 俊太郎 著（筑摩書房）

●かっぱ（谷川 俊太郎）
『ことばあそびうた』谷川 俊太郎 詩、瀬川 康男 絵（福音館書店）

●いろはにこんぺいとう（わらべうた）
『幼い子の詩集 パタポン』① 田中 和雄 編（童話屋）

●するめ（まど・みちお）
『まど・みちお少年詩集 まめつぶうた』まど・みちお 著、赤坂 三好 絵（理論社）

●土（三好 達治）
『三好達治全集』（第1巻） 三好 達治 著（筑摩書房）

●うぐいす（武鹿 悦子）
『小さい詩集 雲の窓』武鹿 悦子 詩、牧野 鈴子 絵（大日本図書）

●青い地球はだれのもの（阪田 寛夫）
『うたえバンバン』阪田 寛夫 詩（音楽之友社）

●あいうえおのうた（まど・みちお）
『新訂 しょうがくこくご』（1上／1986年）（教育出版）

●きりなしうた（谷川 俊太郎）
『わらべうた』谷川 俊太郎 著（集英社）

参考文献

『詩の寺子屋』和合 亮一 著（岩波ジュニア新書）
『詩のこころを読む』茨木 のり子 著（岩波ジュニア新書）
まるごとわかる国語シリーズ⑦『詩が大すき』阿部 洋子 著（岩崎書店）
『小学総合的研究 わかる国語』佐藤 洋一 監修（旺文社）

監修●和合 亮一（わごう りょういち）

詩人、国語教師。
1968 年、福島県生まれ。福島県在住。1999 年に第 1 詩集『AFTER』（思潮社）で第 4 回中原中也賞、2006 年『地球頭脳詩篇』（思潮社）で第 47 回晩翠賞、2017 年『詩の礫』（徳間書店）で第 1 回ニュンク・レビュー・ポエトリー賞（フランスにて、日本人初の詩集賞）、2019 年『QQQ』（思潮社）で第 27 回萩原朔太郎賞を受賞。
2011 年の東日本大震災では、勤務していた福島県伊達市の高校で被災。避難所で数日を過ごした後、自宅からツイッターで詩を発信し続け、大反響を呼ぶ。2015 年、東日本大震災の犠牲者の鎮魂と原発事故からの復興を願う「未来の祀り」の発起人となる。
おもな著書に、『詩ノ黙礼』（新潮社）、『詩の邂逅』（朝日新聞出版）、『詩の寺子屋』（岩波ジュニア新書）など。

装　　　画●北原 明日香
装丁デザイン●西野 真理子（株式会社ワード）
本文イラスト●サキザキ ナリ
本文デザイン●佐藤 紀久子、片山 奈津子（株式会社ワード）
編 集 協 力●澤野 誠人（株式会社ワード）
制 作 協 力●株式会社ワード

JASRAC 出1912548-901

詩をつくろう ①見たこと、感じたことを詩にしよう

2020年1月　初版第1刷発行

監修者　和合亮一
発行者　小安宏幸
発行所　株式会社汐文社
〒 102-0071　東京都千代田区富士見 1-6-1
電話 03-6862-5200　ファックス 03-6862-5202
URL https://www.choubunsha.com
印　刷　新星社西川印刷株式会社
製　本　東京美術紙工協業組合

ISBN978-4-8113-2707-5